一生読書を楽しみたい人の

オーディオブック Master Book

趣味にも学びにも効く
オーディオブックのはじめ方

本は、心の栄養。時間がなくても、目が疲れていても、
本とともに生活を送りたい。
そんなあなたには、耳で聴く本・オーディオブックがおすすめ。
耳からも読書を楽しむ生活をはじめませんか。

special interview

関根勤・関根麻里 巻頭インタビュー

笑いの絶えない関根親子の「聴く」と「読書」

本誌編集部

芸能界一の仲良し親子で知られる関根勤さん、関根麻里さん。お父様の勤さんは、1974年にデビューし、1983年に「ラビット関根」の芸名を本名と同じ関根勤に改めた。その1年後に生まれたのが麻里さん。幼少期はインターナショナルスクールに通い、アメリカの大学を卒業後、芸能活動を開始し、プライベートでは二児のママとして奮闘中。最近は、テレビやイベントで共演する機会が増え、おふたりの明るくて朗らかな空気感と、息ぴったりで軽妙な掛け合い、お互いを尊重し合える関係性に憧れを抱く人も多い。そこで、おふたりがこれまでにどのようなコミュニケーションの時間を共有し、今の関係性を築いてきたのかをインタビュー。さらに読書好きのおふたりに『オーディオブック』の魅力についておききした。

撮影：能崎孝生　インタビュー：鈴木恵美
スタイリスト：繁田美千穂　ヘアメイク：上野由可里
関根麻里様 衣装：LOUNIE Ambrose 卑弥呼

聴く〝チカラ〟は人間関係で育まれるかもしれない

独創的な絵本の読み聞かせが生んだ親密な親子関係

—今日の撮影中もおふたりでずっと楽しそうにお話されていましたが、昔から笑いの絶えないご家庭だったのでしょうか？

勤　そうですね。ずーっとふたりで遊んでいました。麻里が生まれたとき、僕が子どもにできることってなんだろうと考えたら、一番が笑わせることだった。それで人生ってすごく楽しいんだぞ！ってことを刷り込もうと。笑いって、あらゆるネガティブな感情をリセットできる力があるんです。笑っていれば何があってもとりあえず生きていけると思うんです。

麻里　だいぶ刷り込まれましたね。いつもふざけ合っていましたから。例えばお風呂に入る前には必ず〝ケツケツダンス〟をするというルーティンがありまして、それは父が「ケッケッ！」と言いながらお尻をふって、私がそのお尻を叩きながら踊るというもの（笑）。ふたりで本気になって遊んでいましたね。

勤　お風呂から上がったあとも麻里が寝るまで1時間ぐらい遊ぶ時間があって、まずくすぐりっこゲームね。そして僕を山に見立てて、麻里がそれを上って降りたあとに、相撲などの遊びの戦いを一戦繰り広げて、最後は読み聞かせ。

麻里　それもアドリブだらけの！　例えば『桃太郎』なら、川から大きな桃が流れてきました。それは花咲かじいさんのお尻でしたみたいな（笑）。

勤　桃を割ると、中から赤ちゃんが出てきました。名前はロドリゲス、いやリチャードはどうかな？とか。僕のアドリブに麻里がケラケラ笑うもんだからどんどんエスカレートしていって、それも前やったアドリブをすべて覚えているから、それを外すと「あれはどうしたの？」とツッコんでくるんです。

麻里　最終的に40分ぐらいの超大作に！　そういうくだらないことをずっとやって遊んでいましたね。

—絵本の読み聞かせは、麻里さんが何歳のときにされていたんですか？

麻里　私が4〜8歳ぐらいですね。1日1話365話の童話をまとめた絵本があって、それを毎日読み聞かせしてくれました。

勤　その中に『餅の的』という童話があって、餅を的にして矢を当てるという遊びをしたら米がまったく収穫できず貧しい村になってしまったというお話があるんです。これは食べ物を粗末にしてはいけないということを教えてくれる童話なんですが、当時の麻里には内容が難しかったのかこれを読むとすぐに寝てしまうので、僕が早く寝たいときはそれを読むようにしていました（笑）。

麻里　それを父は正直に私に言うんです。小さいときから両親は何でもオープンに話してくれたので、私も何でも話すことができて、コミュニケーションが取りやすかったですね。

父は楽しい年上の遊び相手

勤　とにかくずっと会話しながら遊んでいたので、子育てをやりきったという思いがあります。だからアメリカに留学したときも、結婚相手を連れてきたときも全然寂しくなかった。よく娘が結婚するとどこか遠くに行ってしまったような気持ちになると言いますが、まったくなかったですね。まあ、家がすぐ近所なので、いつでも会えるし（笑）。

—芸能界ではお父様が大先輩にあたるわけですが、おふたりの

シゴト、人生の糧が読書でどんどん増えていく

関係性は昔から変わらないですか？

麻里　全然変わらないですね。もう楽しい年上の遊び相手!!

勤　それは麻里が言うことじゃないでしょう（笑）。

麻里　私が芸能界に入ったとき、仕事のことを父に相談したんです。人前に出るときや、誰かにインタビューするときって、すごく緊張するじゃないですか。それってどうしたら緊張しなくなるかを聞いたら、「もう全部経験だから、なるようにしかならないよ。頑張れ」って言われたんです。本当はもっと具体的なアドバイスが欲しかったけれど、何を聞いてもそんな感じでしたね。でもいつも私の悩み事を真剣に聞いてくれたので、今考えれば聞いてもらっていただけでちょっと安心した部分はあったかもしれません。

勤　親子でもみんな考え方は違うから、自分の意見を押しつけるのもなんか違うかなって。でも誰かに話すことで頭の中が整理され、何か気づきを得られることもあるから、話だけはしっかり聞きましたね。

—おふたりともラジオのパーソナリティーをされていて、人の話を聞く機会が多いと思います。そういうときに心がけていることはありますか？

勤　僕は思いっきり楽しむことかな。例えばゲストが来たときも、自分が興味を持ったことや楽しいと思える話をどんどん掘り下げていく。その方が相手も気持ちよく楽しく話せるだろうし、こっちもどんどん盛り上げるから、面白い話になってリスナーにも伝わると思っています。

麻里　私も父と同じ意見ですね。とにかくゲストの方がなんでも話せる空気感を大切にしています。ラジオもそうですが、テレビでインタビューする機会も多いのですが、できるだけ心地よいと思ってもらえるよう、相手に興味をもち、自分の気持ちをしっかり言葉にして、気になったことはどんどん質問する。すると相手もたくさん話してくれるようになります。

何かしらいつも本が身近にありますね

—話を聞くのがお好きなおふたりは、読書が趣味だそうですね。読書は、言葉の引き出しが増えるのはもちろん、感受性が豊かになりコミュニケーションスキルの向上にもつながります。おふたりは普段からどんな本を読まれますか？

勤　若いころは漫画ばかり読んでいましたが、21歳のときに今の妻と付き合いはじめたころに、小説を勧められて、最初は星新一さんの『ショートショート』から読みはじめたんです。そしたら見事にハマって、筒井康隆さん、大藪春彦さん、夢枕獏さん、宮部みゆきさん、東野圭吾さん、天童荒太さんの小説は全部読みましたね。とことんハマるタイプなので、同じ作家の本はひと通り読みます。特にハードボイルド系やサスペンス系をよく読みます。今読んでいるのは、新堂冬樹さんとみうらじゅんさん。移動中や寝る前はもちろん、トイレの中でも読むかな。何かしらいつも本が身近にありますね。

麻里　私も小説をしっかり読みはじめたのは、中学生ぐらいです。筒井康隆さんや東野圭吾さんの小説は父のお下がりを読みました。あと洋書も好きで、最近は英語力をキープするために、意識的に英語の本も読むようにしています。今は本をもち歩かなくても、スマートフォンやタブレットで簡単に読めるから、便利です

関根 勤 Sekine Tsutomu

1953年東京都生まれ。
TBS「ぎんざNOW」の素人コメディアン道場で初代チャンピオンとなり1974年12月に芸能界入り。デビュー後1975年には「ラビット関根」の芸名を桂三枝師匠よりいただく。1982年にANB（現テレビ朝日）「欽ちゃんのどこまでやるの！？」レギュラー出演の際、番組企画により本名「関根勤」に戻し活動、現在に至る。バラエティ番組を中心に、テレビ、ラジオ、CM、舞台など幅広く芸能活動を行っている。

関根 麻里 Sekine Mari

1984年10月22日生まれ。
父は関根勤。インターナショナルスクールを経て、アメリカのエマーソン大学を首席で卒業後、芸能界デビュー。テレビやラジオ、ナレーション、CM等で活躍中。得意の英語を生かし、絵本翻訳や、海外のアーティスト・俳優へのインタビューも数多く行っている。2014年に結婚し、現在は2児の母。

自分流の聴くスタイルを想像するだけで広がる楽しみ

よね。

聴く本って、声が心地いい興味がすごくありますね

―麻里さんは、ナレーターや声優が本を朗読した、〝聴く本〟と呼ばれる「オーディオブック」を利用したことがあるそうですね。

麻里　はい。最初に「オーディオブック」の存在を知ったのは、『ライオンキング』のムファサ役を務めるアルトン・フィッツジェラルド・ホワイトさんが自伝を出版されて、それをご本人の声で聴けると知って、早速聴いてみたんです。そしたら声が本当に心地よくて、すごく入り込めました。

勤　僕はまだ利用したことはありませんが、落語好きでよく聴くので、聴く本にも興味ありますね。

―せっかくですので、初体験してみませんか。スマートフォンやタブレットにアプリをダウンロードして、聴きたい作品を選ぶだけと、とても簡単です。

勤　おお～！　プロの朗読なのがすごくいいですよね。声で聴く読書って面白いですね。声優さんの声もいいし、音楽や効果音の演出で臨場感があふれていて、一瞬で物語の世界観に入り込めますね。

麻里　没入感が半端ないですよね。移動中に本を読むと乗り物酔いすることもありますが、「オーディオブック」なら酔う心配もなさそう。

勤　たしかに。それに僕は老眼がどんどん進んでいて、本を読むときは必ずメガネをかけるんですが、これなら目をつぶっていても物語が勝手に進んでいくので、読むより圧倒的にラクですね。

麻里　読み聞かせとして、娘たちと一緒に聴くのも楽しそうだし、流しっぱなしでたくさんの物語に出会うことができるからいつの間にか感受性も豊かになっていそう。家事などで手が離せないときの、親子のコミュニケーションツールとしても便利に使いたいです。

勤　僕は、お気に入りの作家の小説を、今度はオーディオブックで聴いてみます。自分で読んだときには気づかなかった新しい発見に出会えそうな気がします。

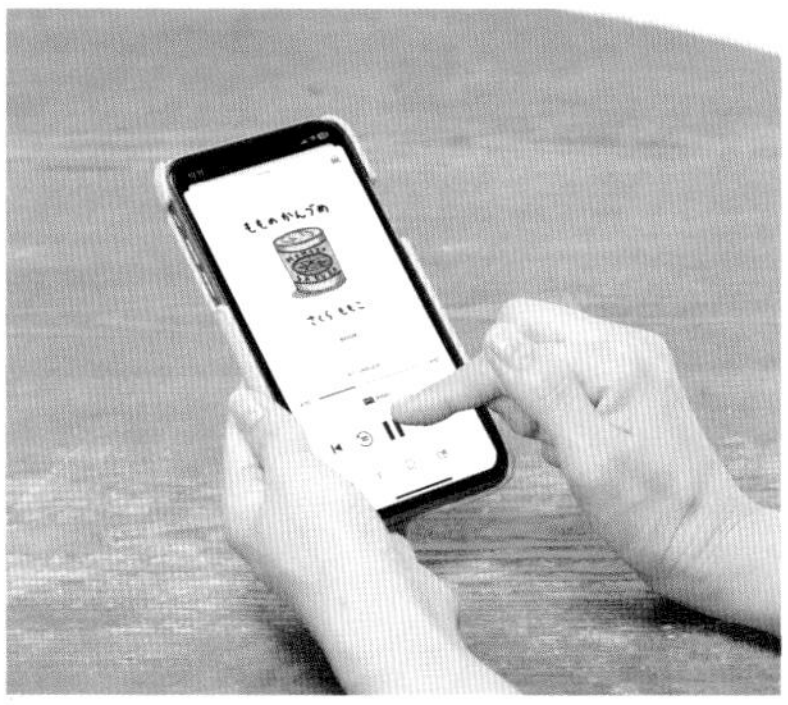

「こんなに簡単な操作なら、移動中や家事のスキマ時間など自分の好きな時間に手軽に聴けますね」（麻里さん）

関根勤さん・関根麻里さんのおすすめオーディオブック

☑ 関根勤さんのおすすめ

『バカと無知』

「バカと無知の壁（人間の本性）に気づかせてくれます。そして、自分の言動を見つめ直す参考になります。」

著者：橘玲
出版社：新潮社
ナレーター：河口薫
再生時間：6時間45分

☑ 関根麻里さんのおすすめ

『もものかんづめ』

「ちびまる子ちゃんの声優のTARAKOさんの声が聴き心地よくて好きです！」

著者：さくらももこ
出版社：集英社
ナレーター：TARAKO
再生時間：4時間2分

一生読書を楽しみたい人の

オーディオブック Master Book

CONTENTS

オーディオブック
完全ガイド

Complete guide

アプリのダウンロード方法から、便利な使い方まで、
読んだらすぐに試したくなる
オーディオブックのHOW TO完全版！

audiobook.jp

Chapter 01

250万人がはじめている!

オーディオブックライフのすすめ

人気の本や名作などを音声で楽しめるオーディオブック。
配信サービス「audiobook.jp」の会員数は250万人を突破し、
多くの方が「耳で聴く読書」をはじめています。
これからオーディオブックをはじめてみたい方のために、
使い方やおすすめ作品、
音声ならではの活用法などをご紹介します。
ぜひあなたの生活にもオーディオブックを
取り入れてみてくださいね。

音声で本が読めると、毎日がもっと楽しくなる！

「オーディオブック」ってどんなものか、知っていますか？

オーディオブックは、書籍をナレーターが読み上げて音声にした「耳で聴く本」のこと。人気の小説、ビジネス書、新書、海外や日本の名作文学まで、幅広いジャンルの本を耳から楽しめます。

音声はwebサイトやスマートフォンアプリで配信されていて、手軽に再生することができます。

「ながら聴き」がおすすめ！

最もおすすめの使い方は、何かをしながらオーディオブックを楽しむ「ながら聴き」。通勤中や車の運転中、ウォーキングやランニングなどの運動中、掃除や洗濯などの家事をしている時間、入浴中など、生活のさまざまなシーンで、何かを「しながら」聴いている方が多いです。

オーディオブックの便利なところは「耳だけでいい」というところ。仕事や家事で忙しくて本を読むのは難しい方も、オーディオブックならわざわざ読む時間をつくる必要はありません。普段退屈に感じていた時間も、ながら聴きすることで有効活用できます。

耳だけだからこそ、さまざまな活動と組み合わせて楽しめる。そんな新しい読書の形です。

一生読書を楽しむための読書法

オーディオブックは耳だけあいていれば楽しめる読書の方法なので、老眼や視力の低下、目の疲れなどで、本を読むのが難しいという方にも活用できます。

本を読みたいけれど目がつらいと思ったとき、オーディオブックがあることで、選択肢が広がるのではないでしょうか。

実際に使ってみた方の中には、読書量が大幅に増えたり、もっと読みたいと思ってウォーキングや外出の時間が延びてアクティブになったりなど、新しい読書の楽しみに気づき、生活が大きく変わった方もいます。

さらに、オーディオブックと運動を組み合わせることで、認知症予防のトレーニングになるという研究結果も出ており、健康増進にも役に立つことがわかってきています。

つまり、オーディオブックは年齢を問わず、一生読書を楽しむのに役立つ読書法なのです。

この本では、そんな一生読書を楽しむために役立つオーディオブックの使い方や、おすすめの作品、オーディオブックを使っている方の声など、さまざまな情報をぎゅっと1冊にまとめてお伝えしていきます。

ご自身や身近な方の読書ライフの幅を広げるために、ぜひお役立てください。

オーディオブック初聴きおすすめ作品5選！

これを聴けばオーディオブックの魅力がわかる、各ジャンルの人気作品をご紹介！

1

『完訳 7つの習慣
人格主義の回復』

著者：スティーブン・R・コヴィー／著、フランクリン・コヴィー・ジャパン／訳

全世界で4000万部を突破している大ベストセラーも耳だけで楽しめる！

出版社：キングベアー出版
ナレーター：茶川亜郎
再生時間：19時間48分

2

『道をひらく』

著者：松下幸之助

「経営の神様」松下幸之助の名著を力強く朗読。

出版社：PHP研究所
ナレーター：大塚明夫
再生時間：4時間5分

3

『生き方
一人間として一番大切なこと』

著者：稲盛和夫

京セラ、KDDIの創業者である稲盛和夫の人生哲学。

出版社：サンマーク出版
ナレーター：那波一寿
再生時間：6時間29分

4

『もものかんづめ』

著者：さくらももこ

爆笑エッセイを「ちびまる子ちゃん」まる子役の声優が朗読！

出版社：集英社
ナレーター：TARAKO
再生時間：4時間2分

5

『medium
霊媒探偵城塚翡翠』

著者：相沢沙呼

ミステリの大ヒット作を臨場感あふれるドラマ仕立てでお届け。

出版社：講談社
ナレーター：古賀葵、赤羽根健治、田澤茉純、佐東充、緒方佑奈、小田果林、赤星真衣子、ボルケーノ太田、大谷翔太郎、有住藍里、佐藤元、幸村恵理
再生時間：14時間20分

※聴き放題プラン対象外の作品が含まれます

＼ これを読めばすぐはじめられる！ ／

オーディオブック使い方ガイド

audiobook.jp「聴き放題プラン」に登録して、オーディオブックを再生するまでの流れをご紹介。
お手元にスマートフォンを用意して、読みながら試してみてくださいね。

STEP 01

表紙の裏のQRコードを読み取る

QRコードの読み取り方

スマートフォンの「カメラ」アプリを起動して、表紙の裏のQRコード部分にかざし、読み取ってください。URLの文字列が表示されたら、タップしてください。

▼

タップするとaudiobook.jpのwebページにアクセスできます。

▼

このQRコードから登録すると、無料お試し期間が14日から60日に延長されます。

STEP 02

「60日無料ではじめる」をタップ

webサイトでボタンをタップ

audiobook.jpのwebサイトで、「60日無料ではじめる」をタップし、ページ中ほどにある黄色のボタンをタップします。

STEP 03

audiobook.jpに無料会員登録する

会員登録時に入力するもの

- ☐ お名前
- ☐ メールアドレス
- ☐ パスワード

（8文字以上で、数字・アルファベット・記号が使用できます）

特にメールアドレスは間違えないようにご入力をお願いします。

便利な機能

ドライブモード

車の運転中に、再生・停止・30秒巻き戻し・ふせんの４つの機能だけが使える画面に切り替えることができます。安全のため、ドライブモードの設定は運転前に行い、機能の操作は、停車中にお願いします。

ふせん機能

作品を再生中、気になるところにふせんを貼ることができます。あとで、ふせんを貼った場所から再生することもできます。いいなと思った箇所があったときや、すぐにメモを取れないときにお使いください。

スリープタイマー

時間がたったら再生が自動的に止まる機能です。５分から60分までの中から選べます。寝る前に少しだけ聴いて自動的に止めたいときにお使いください。

倍速再生

再生速度は0.5倍〜4倍まで、0.1倍刻みで変えられます。再生画面で簡単に変えられるので、お好きな速さに調整してお楽しみください。

STEP 04

プランを選ぶ！

聴き放題プランは２種類ある！

☑ **年割プラン**

１年分を先に支払うかわりに、毎月おトクに使えるおすすめのプランです。１か月あたり833円で利用できます(年間9,990円)。

☑ **月額プラン**

1か月ごとのお支払いでご利用いただけるプランです。1か月あたり1,330円で利用できます(1年間使うと、15,960円)。

※価格等は2023年10月時点のものです。

【ご注意】

・無料お試し期間終了後も利用を継続する場合は各プランのご利用料金が課金されます。

・無料お試しをはじめるときに決済方法の登録が必要です。決済方法は、クレジットカード、キャリア決済（d払い・ソフトバンクまとめて支払い・ワイモバイルまとめて支払い）が使用できます。

・60日無料が適用されるのは、audiobook.jp「聴き放題プラン」を初めてご利用いただく方が対象となります。

・この本のQRコード以外からご登録された場合、無料期間は14日間となりますので、必ずQRコードからご登録ください。

・「聴き放題プラン」対象外の有料作品を購入した場合は、購入された分の費用が発生しますのでご注意ください。

STEP 05

アプリをインストールする

アプリのインストール方法

スマートフォンでこのQRコードを読み取ると、App StoreまたはGoogle Playストアのアプリインストール画面が表示されます。

▼

表示されたら「入手」もしくは「インストール」をタップしてインストールしてください。

▼

インストール後、アプリを開いたら、webサイトで会員登録したメールアドレスとパスワードを入力してログインしてください。

STEP 06

好きな作品を再生して楽しもう！

聴き放題プランで聴ける作品について

audiobook.jpのアプリで、緑色の「聴き放題」マークがついている作品が「聴き放題プラン」の対象作品です。「再生」ボタンで再生し、楽しむことができます。「聴き放題」マークがない作品は、1冊ずつ購入が必要な作品です。聴きたい作品がある場合は、アプリ内で使えるコインを購入し、コインとオーディオブックを交換してご利用ください。

※App Storeは、Apple Inc.の商標です。　※Google Play および Google Play ロゴは Google LLC の商標です。　※QRコードは（株）デンソーウェーブの登録商標です。

＼みんなはどんなふうに使っている？／

オーディオブック利用法大解剖!!

耳があいていれば読書ができるオーディオブックは、活用法も人それぞれ。生活のいろいろな場面で活用いただいています。

音声で本が読めると、毎日読書ができる！

　オーディオブックは生活のあらゆる「耳のスキマ時間」に活用できます。忙しくて紙の本を読む時間が取れなかった人が通勤時間に使ったり、家事をしながら気になるエッセイを読んだりと、人によって利用時間はさまざまです。

　また、オーディオブックならではの楽しみ方を見つけるのもおすすめです。音声をスピーカーで流せば、子どもの読み聞かせや、家族で一緒に聴いて感想を話し合うといった楽しみ方もできます。インプットしたい知識も、紙の本を読みながらオーディオブックを聴けばさらにスムーズに理解できるはず。名著やベストセラーもオーディオブック化されているので、読んでみたかった本にオーディオブックで改めて挑戦することもできます。

　はじめて使うときには、自分に合った利用タイミングを見つけるのがとても大切です。オーディオブックユーザーの活用法を参考に、ぜひいろいろな場面で使ってみてください。

耳のスキマ時間を利用した「ながら読書」が人気！

　ユーザーのみなさんに生活の中での利用場面を伺うと、移動のときや、家事や運動などをしながら同時にオーディオブックを聴く「ながら読書」が人気です。自分の生活リズムを変えずに取り入れられるので、忙しい方や、紙の本を読むのはちょっと気合を入れる必要があるなと感じている方にもおすすめです。

　何かをしながらだと本の内容が頭に入らないのでは？と思われるかもしれませんが、音声だけに集中していなくても聴き流すだけで意外と頭に入ります。

［ audiobook.jp利用者への2021年9月アンケート調査（回答数：2216人）］

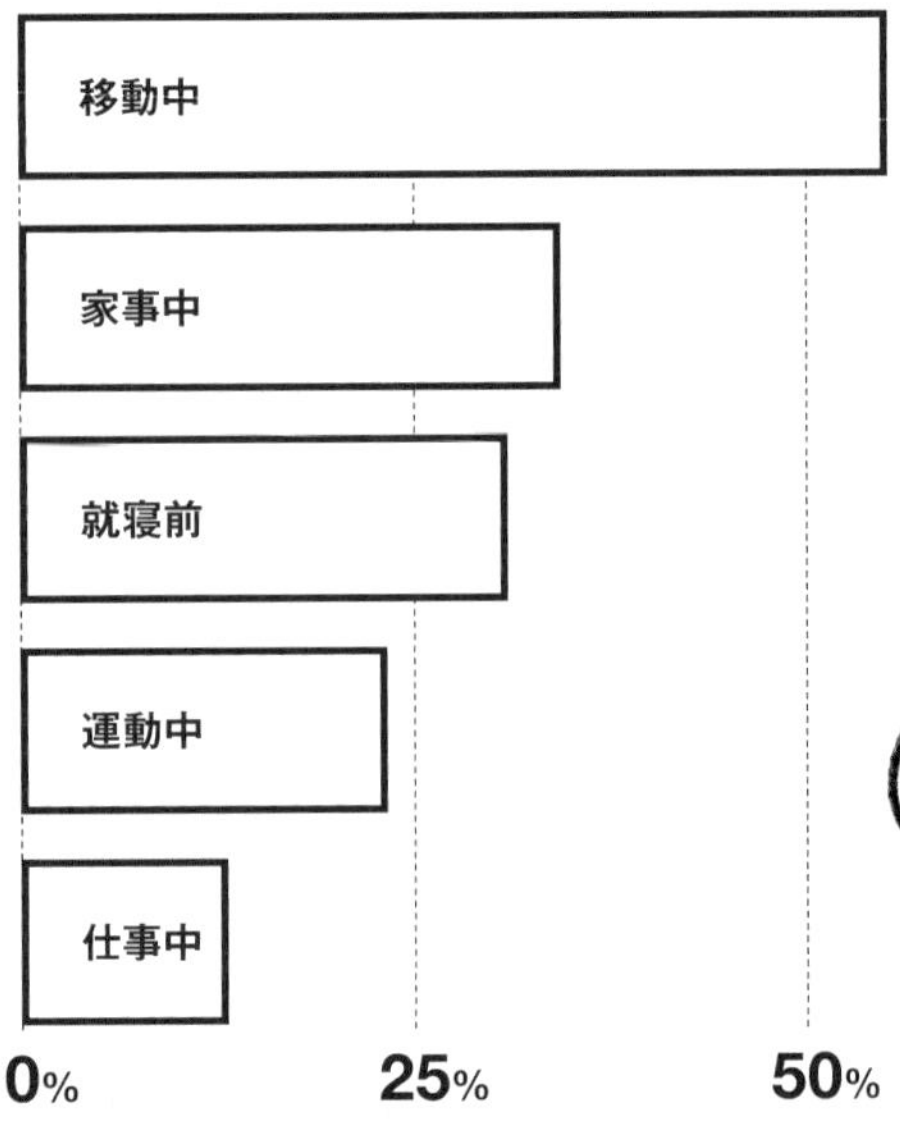

紙の本と耳読書の「二刀流読書」で理解が深まる！

しっかり頭に入れたい本や、読み進めるのが難しい本の場合は、紙の本を見ながらオーディオブックを聴く「二刀流」の読書がおすすめ！ 目で文章を読みながら、倍速以上のスピードで同じ本の音声を聴いてみてください。

私たちの脳は普段、目で読んだものを一度音声に変換して理解していますが、この方法だと変換プロセスがなく直接音声で頭に入るので、無理なくテンポよく本の内容をインプットすることができます。集中力が必要なので、休憩しながらやってみましょう。

実は耳からのインプットが得意な「聴覚優位」の人も多数！

新しい知識を身につけたいと思ったとき、自分自身の「認知特性」を知っておくと便利です。認知特性とは「人がそれぞれもっている記憶や思考の仕方の“好み”」のことで、視覚優位、言語優位、聴覚優位などに分類されます。

例えば情報をインプットする際、絵で見て理解するのが得意な人がいれば、文章を読んで理解するのが得意な人、聞いて理解するのが得意な人もいます。オトバンクにてビジネスパーソン401人を対象に、その人に合った学習スタイル（優位感覚）を認知特性に基づいて明らかにする調査を実施したところ、言語優位の人が約５割、聴覚優位の人が約２割弱となりました。視覚優位の人は聴覚優位よりも少なく、目で見るよりも、オーディオブックを聴くという耳からのインプットが得意な人が多いことがわかります。

[学習スタイル（優位感覚）]　n＝401人

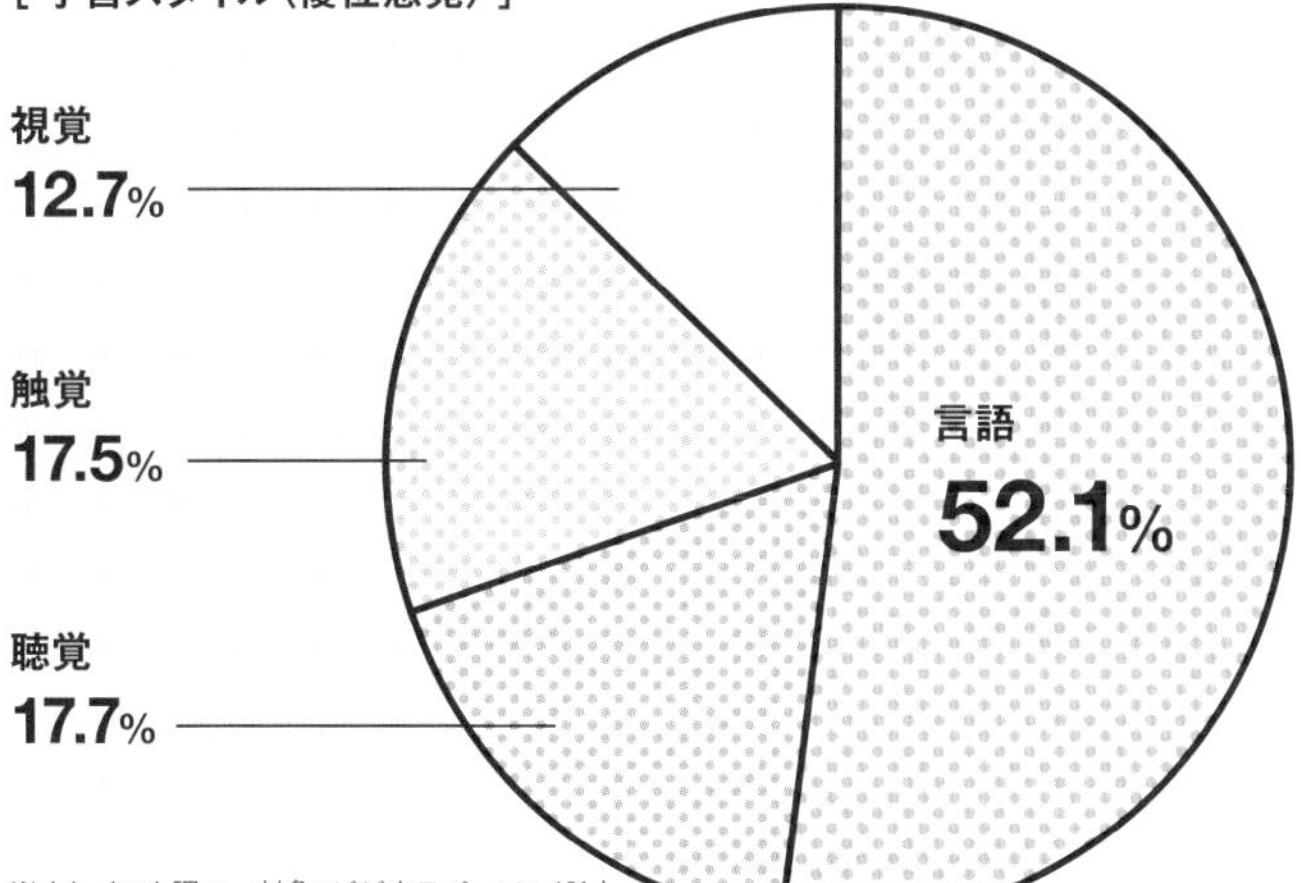

※オトバンク調べ　対象：ビジネスパーソン401人

意外と読んだことがなかった名著を耳で楽しむ「リベンジ読書」

「人生で一度は読んでみたいけど、実はまだ読めていない本」「途中で挫折してしまった本」はありませんか？　もし「あの本読みきってないな〜」と思い浮かんだ方は、オーディオブックで再挑戦する「リベンジ読書」をやってみましょう。

自分で読み進めるのは大変だなと思う本でも、オーディオブックは再生しておけば自動的に先へ進んでくれるので、簡単に読了できます。audiobook.jpで2022年末〜2023年に開催した「リベンジ読書」キャンペーンでは、ドストエフスキーの名作『罪と罰』上・中・下巻（全37時間！）を読めた！という方が続出しました。ながら聴きもできるオーディオブックならではの活用方法です。

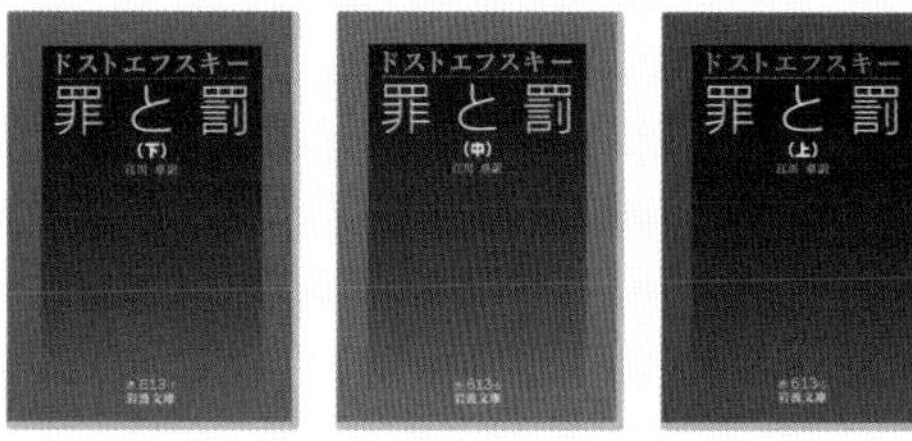

『罪と罰』

著者：ドストエフスキー／著、江川卓／訳
出版社：岩波書店　ナレーター：茶川亜郎
再生時間：上巻 13時間6分　中巻 10時間51分　下巻 12時間53分

＼ 10年継続！ 達人ユーザーに聞いた ／

オーディオブックを楽しく続ける7つのルール

オーディオブックを10年以上愛用し、「オーディオブックアンバサダー」でもある鳥井弘文さんに、オーディオブックでの読書を継続して楽しむために意識しているポイントを教えてもらいました。

Rule 1 自分に合うペースを見つける

オーディオブックは自分の理解に合うスピードで聴ける（最大4倍速）ので各書籍ごとに最後まで最適なペースで聴き進められます。いろいろな速度を試して自分にぴったりの再生速度を見つけてみましょう。

Rule 2 好きな利用シーンを見つける

オーディオブックは部屋の中でゆっくりと聴ける他、家事や仕事の単純作業中など、日々の雑務と並行して「ながら聴き」でも楽しめます。散歩や移動中などのお供にも最適です。

Rule 3 聴く読書で目をいたわる

毎日、パソコンやスマートフォンの液晶画面を長時間見ていると目が疲れてきます。オーディオブックであれば、気軽に耳だけで本を楽しめるので、目を休めての読書を習慣にするのがおすすめです。

Rule 4 場所の記憶と紐付ける

散歩や移動中にオーディオブックを聴いていると、不思議と場所の景色や風景と内容を紐付けて記憶します。お気に入りの散歩道などを見つけて、オーディオブックを聴いていると、非常に記憶に残りやすく効果的です。

Rule 5 好きな作品は繰り返し聴く

耳での読書は、移動中などに何度も繰り返し同じ書籍を「流しっぱなし」にできます。内容が自分の血肉となるまで、耳にタコをつくるように繰り返し聴いて、好きな作品を何度でも堪能してください。

Rule 6 難しい本も「聴き流し」で理解する！

内容が少々難しくても、最後まで朗読音声を聴き流しできるのも、オーディオブックの魅力です。途中で投げ出さず、全体像から少しずつ理解していくことができます。

Rule 7 普段触れないジャンルに挑戦する

普段、書店ではなかなか手に取らないようなジャンルの本であっても、オーディオブックの聴き放題プランなら気軽に聴き進められるため、挑戦しやすいです。新たな発見や出会いを求めて、普段は読まないジャンルの本にも挑戦するのがおすすめ。

＼ すべて実践するのは
難しいかもしれません。
僕の活用法も参考にしつつ、
ぜひあなた自身の
オーディオブックの聴き方を
見つけてください！ ／

Profile

オーディオブックアンバサダー

鳥井《とりい》 弘文《ひろふみ》さん

2014年9月に株式会社Waseiを設立。これからの暮らしを考えるWebメディア「灯台もと暮らし」の他、オンラインコミュニティ「Wasei Salon」の運営や、企業のオウンドメディアの運営も手がけている。オーディオブックを10年以上愛用し、公式アンバサダーも務めている。

＼音で言葉のシャワーを浴びて……／

ひらめきを生む
耳だけインプット術

モヤモヤが少しラクになるような思考や情報がつづられている、F太さんの「ひらめきメモ」。発想には、オーディオブックも役立っているそうです。その活用法とは？

毎日がちょっとラクになる
活用法を紹介

フォロワー数37万人超えの人気SNSアカウント「ひらめきメモ」で日々の考えやTipsなどを発信しているF太さん（@fta7）も実は10年以上のオーディオブック愛用者。「ひらめきメモ」では、緊張した気持ちをふっとラクにしたり、ほんの少し勇気がわくような、思考や情報を投稿されています。

オーディオブックを聴くというインプットをコミュニケーションに活かす方法や、自分の行動や感情をうまくコントロールするための活用法を詳しく伺いました。

飽きてしまいがちな
単純作業に効く

オーディオブックの聴き方は主に「ながら聴き」です。運動しながら、家事をしながら、移動中とか。食器洗いのときが一番耳に入ってきます。食器洗いや洗濯物をたたむのは単純作業じゃないですか。単純作業は飽きるし苦手なんです。でも飽きるし面倒くさいと思うことも、本を読む時間に変換できるからありがたいです。日ごろから1日を何に使ったのか記録を取っていますが、オーディオブックを聴いている時間も読書の時間になったから読書時間が跳ね上がりました！（笑）

ネガティブなときに効く

もともと自分の考えを文字にする習慣があって、小さいころから考えや悩みをひたすら紙に書いていました。Twitter（現X）が出てからその紙がTwitterに変わっただけなんですよね。それで頭の中で言葉で考えているせいか、外部から音声が入ってくると自分の思考がストップするんですよね。音の方に集中するんです。

ネガティブなことを考えてしまうときに、オーディオブックで前向きなことを書いてあるものを聴けば、考えがネガティブな方にいかなくなるんです。だからネガティブなことを考えすぎてしまうときは、意識的にオーディオブックを聴く時間を増やして、音量も大きめにして聴いています。

コミュニケーション
にも効く

本だと繰り返し読むのは難しく感じますが、オーディオブックなら倍速を変えて早く読めるので、繰り返し読むことに向いていると思います。繰り返し聴くと考えを深められたり、他の作品や自分の考えとリンクしやすくなりますよね。

また、会話力、コミュニケーション力を身につけたいという人にもおすすめです。

話す仕事をする前には、倍速でオーディオブックを聴いてます。本がもとになっていて「てにをは」がしっかりした音声なので、聴いているうちに自分の頭も話すモードになってきて、スムーズに話しやすくなるんですよね。あとは、倍速で聴くと、頭の回転速度も上がっている気がします。集中して倍速で聴いて頭の回転を速めておくと、思考を整理するスピードが上がっているので、会話するときに落ち着いて話せますよ。

Check

F太さんおすすめの作品

気分がアグレッシブになる作品

『ゼロ秒思考』シリーズの中でも特に「行動編」ですね。何度も「即断即決即実行」ってフレーズが出てくるので、なにかモヤッとしていてもそのフレーズが思い出されて、「考えている場合じゃない、行動しよう」ってなりますね。

**『ゼロ秒思考[行動編]
——即断即決、即実行のトレーニング』**

著者：赤羽雄二
出版社：ダイヤモンド社
ナレーター：矢島雅弘
再生時間：3時間36分

疲れたとき、ネガティブになってしまうとき

僕のおすすめはケリー・マクゴニガルさんのシリーズですね。「レジリエンス」という、ストレスをエネルギーに変換する力はどうやって鍛えればいいのかがよく理解できます。ストレスフルな状況に疲れ、ネガティブになっているときに、その状況を肯定的に捉えるきっかけになってくれた本です。

**『スタンフォードのストレスを
力に変える教科書』**

著者：ケリー・マクゴニガル／著、神崎朗子／翻訳
出版社：大和書房
ナレーター：壹岐充恵
再生時間：11時間17分

Profile

F《えふ》太《た》さん

オーディオブック歴10年のヘビーユーザー／1984年生まれ。作家。うまくいかない日々の中、だめな自分自身がかけて欲しい言葉などをTwitter（現X）でつぶやき続け、フォロワー数は37万人に。今もネット上で真人間になるための言葉を発信し続ける。著書『要領がよくないと思い込んでいる人のための仕事術図鑑』は10万部を突破し、出版から3年たった今も読まれ続けるベストセラーに。

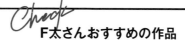

もっと知りたい！

オーディオブック豆知識

オーディオブックの制作風景や、一番長い作品はどんな本？など作品を楽しむうえで知っておくとちょっと楽しい豆知識をご紹介します。

1

オーディオブックの制作風景

audiobook.jpではオーディオブックをプロのナレーターが実際に朗読して音声コンテンツをつくっています。1冊の本をすべて朗読したオーディオブックができるまでの流れを見ていきましょう。

作品の読み込み

作品の制作が決定したら、制作スタッフが作品を読み込み、その内容を音声でどのように表現するかを練ります。一度目は読者の視点で読み、二度目は制作者の視点で読む、というように二度読みをすることも多いです。

キャスティング

朗読するナレーターを検討して出版社に提案します。出版社からOKが出たら制作開始です。

台本づくり

朗読するための台本をつくります。ビジネス書の場合と文芸の場合は台本づくりの注意点が異なります。ビジネス書は図表や英語・漢字の読み方や読み替え※、文芸は登場人物やセリフ、その場面の情景などに注意します。また、固有名詞については特殊な読み方をする場合もあるので、十分な確認が必要です。

※「読み替え」とは？

本の中で文字で読めばわかるが、音で聴くとわかりにくい箇所を、音で聴いてわかりやすい読み方に変更すること。例えば「創造」と「想像」という同音異義語には補足説明を入れ、音で聴いたときにどちらかわかるようにします。

収録

文章の切り方が間違っていないか、スピード、本のテンションに合った読み方になっているかなどを考慮しながら収録していきます。所要時間は作品によっても異なりますが一般的に完成時の再生時間の２～３倍かかります。

編集

音のバランスを整えたり、ノイズをカットしたり、間を調整したりする「整音」を行います。文芸作品であれば、BGMや効果音を追加して、作品の雰囲気づくりを行います。

オーディオブック制作は作品の魅力を「立体化」する

つくるうえで一番大事にしているのは、原作の本の意をできるだけくみ取って音声化することです。

制作者、特にディレクターがどれだけ作品を理解しているかがオーディオブックの質に影響すると思っています。

オーディオブックの制作方法にはベースがありますが、すべての作品に当てはまる汎用的な制作方法なんてものはありません。一作品一作品に向き合って、これまでのノウハウの引き出しを開け閉めしながら、「その作品にフィットする表現方法」をブラッシュアップし続けています。

制作ディレクターとして、「この本を面白く聴いてもらうためには、どの語り手を選び、音楽や効果音はどの程度入れたらいいか」を考えます。僕にとってオーディオブック制作とは、作品の魅力を「立体化」してユーザーに届けることだと思っています。

撮影…池田実加（LA BOUSSOLE）

3

一番長い作品は37時間超！

オーディオブックは本を全文朗読しているため、本のページ数が多いほどオーディオブックの再生時間も長くなります。現在audiobook.jpで配信している中で、書籍を音声化した作品で最も長いのは『世界標準の経営理論』で、なんと再生時間は37時間34分！ ２倍速で聴いても数日で聴き終えるのは難しそうですが、多くの方が挑戦して実際に聴き終えている人気の作品です。

『世界標準の経営理論』
著者：入山章栄
出版社：ダイヤモンド社
ナレーター：海老沢潮
再生時間：37時間34分

5

文芸作品のオーディオブック制作

ビジネス書はほとんど１人のナレーターが全編を朗読していますが、長編の文芸作品では、２人以上のナレーターが参加してドラマ形式のオーディオブックをつくることもあります。主な登場人物をすべて別の声優が演じている作品の場合、全体で10人以上の声優が参加していることも。

また、文芸作品の場合は場面に応じた効果音やBGMを使って、作品の世界観を演出することもあります。ミステリやSFなどは、ナレーターの声以外にもさまざまな演出があることによって、聴き終えたあと、1本の映画をじっくりと観たような感覚になれます。

一方で名作文学や児童文学、１人称の視点で進む小説などは、登場人物が多くてもナレーターを変えずに１人の朗読ですべてを表現しているケースもあります。1人で朗読しているとは思えないほど豊かな登場人物の演じ分けをしている作品もあり、それぞれの面白さがあります。

2

サービス誕生のきっかけは、祖父への想い

audiobook.jpを運営するオトバンクは、創業者・上田渉の個人的な体験から出発した会社です。上田の祖父は緑内障で失明し、20年近く本が読めない生活をしていました。その姿が忘れられなかった上田の「耳でも本を楽しめる」を当たり前の世の中にしたい、という想いがオトバンク創業につながりました。

当初は対面朗読のNPO法人の立ち上げを検討していましたが、すでに海外では2000年代前半からオーディオブックが伸びていたこともあり、社会課題の直接解決に向けたNPOを立ち上げるのも大事だけれど、「耳で聴く本」は新しい娯楽として広く楽しまれるのではないかと考え直します。日本にまだないオーディオブック市場を創出し、持続可能なビジネスモデルを構築する先に、祖父のような人に喜ばれる世界があるのではないかと……。この思いがaudiobook.jpのはじまりです。

創業者・上田とサービス誕生のきっかけになった祖父

4

1日の耳のスキマ時間は平均3.7時間

はたして私たちにはどれくらい耳のスキマ時間があるのでしょうか。

2022年にオトバンクが行ったインターネット調査では、１日の耳のスキマ時間（耳があいていて何かを聴ける時間）の平均は「3.7時間」という結果が出ています。短めのビジネス書であれば１倍速でも聴き終えられるくらいの時間なので、有効に使えば１日１冊聴くこともできそうです。

音源チェック

読み間違いがないかなど確認リストをつくってチェックします。

完成・配信

音源が完成したらaudiobook.jpで配信開始し、購入や再生が可能になります。

Profile

伊藤《いとう》誠敏《まさとし》

2004年の創業期からオトバンクを支え、制作チームを立ち上げた。これまでの制作本数は数千本を超える、日本のオーディオブック制作の第一人者。長編小説作品を中心に幅広い作品の音声化を手がけ、現在は後進の指導も行う。歴史考証を自ら現地に足を運んで行ったり、作品に登場する希少な方言話者を探し出したりするなど、手を抜かない「音の職人」。

Chapter 02

脳を楽しく鍛える!

オーディオブック de 脳トレ

関西福祉科学大学 重森健太先生とオトバンクによる共同研究により、
標準的な認知トレーニングとして行われる計算課題と運動のデュアルタスクと、
オーディオブックと運動のデュアルタスクは、
同等の脳血流活性作用が見られることがわかりました。
早期認知症学の専門家でもある重森先生に
オーディオブックを使った脳トレーニングについて詳しく伺いました。

――重森先生は早期認知症学を研究されており、認知症対策の現場に立ち続けています。この分野でオーディオブックに期待される効果について教えてください。

重森　認知症予防トレーニングの定番に、デュアルタスク（二重課題）というものがあります。デュアルタスクとは「①体を動かしながら（＝運動課題）」、「②何かを考える（＝認知課題）」といった２つのことを同時に行うことをいいます。その新たなアイテムとしてオーディオブックが使えるのではないかと期待しています。

　これまでは、計算課題や「しりとり」を使ったデュアルタスクで前頭葉を鍛えるトレーニングをしていました。しかし、やっていくうちにみなさん慣れてしまう。慣れて簡単にこなすようになってしまうと前頭葉は活性化しないんです。

　つまり、脳を活性化させる取り組みは、続けることが難しいという課題がありました。慣れないように、飽きないように、トレーニングの内容に変化をつけるためのネタを考えるのも大変ですしね。

　しかし、新たにオーディオブックを聴きながら、運動をした際の脳血流反応を調べたところ、計算課題によるデュアルタスクトレーニングと同等の効果が得られました。

　オーディオブックは書籍ですから、「聴く」という行為に慣れることはあっても、聴く本を変えれば飽きることはありません。継続的に脳を活性化できるという意味で、本に興味がある人にとっては最高にいいトレーニングだと思っています。

　趣味の延長線上でも取り入れやすいオーディオブックが新たにデュアルタスクの定番となるかもしれません。

――オーディオブックを活用したデュアルタスクは、具体的にどんな方法があるでしょうか？

重森　年齢を重ねると、脳の中で最初に衰えるのが前頭葉です。低下しやすい前頭葉を若いうちから鍛えておくことが、認知症予防に効果的なのは間違いないでしょう。つけ加えるなら、人は考えたり集中しようとしたりすると脳の血流が活性化されますし、食べたものを消化しようとすると内臓の血流が活性化されます。つまり何かしようとするとその部位の血流が活性化する仕組みになっているわけです。

　その意味で、普段からトレーニングで意識的に前頭葉の血流を活性化させておくことで、何か考えたいときに効率よく集中力を高めることができるようになります。認知症対策の意味合いだけでなくて普段の生活にも役立つと考えられます。

――オーディオブックを活用したデュアルタスク（２つのことを同時に行うこと）を行う時間の目安はありますか？

重森　オーディオブックのコンテンツはもっと長いと思いますが、聴きながら何かをするというデュアルタスクは少なくとも30分くらいは続けていただきたいですね。ややきつい運動と組み合わせることで海馬の血流も活性化します。

　もう一つ、オーディオブックで聴いた内容をあとで思い出すというのもぜひ取り入れていただきたいです。

　小説なら登場人物について思い出したり、ビジネス書なら各章の内容を頭の中でまとめてみるのもいいと思います。

　思い出したことはノートにまとめたり、人に話してみましょう。それによってより真剣に聴こうとするため、集中力が高まりますし、思い出そうとしているときは前頭葉が活発に働きます。

――こうしたデュアルタスクの効果はどんなところで実感できるのでしょうか？

重森　デュアルタスクをはじめる前よりも集中力や発想力が高まったと感じる方が多いのではないでしょうか。

　デュアルタスクによって前頭葉が鍛えられると、集中力や発想力、計画力の点で改善が期待できます。前頭葉も含め、脳は使わなかったら衰えていくものです。

　まずは、自分が手軽に始められる運動にオーディオブックをかけ合わせるところから、ぜひ試していただきたいです。

詳しい脳トレ方法はP20へ！

関西福祉科学大学 教授・
日本早期認知症学会理事
重森健太先生

日本生体医工学BME on Dementia幹事、NPO法人播磨認知症サポート顧問、重森脳トレーニング研究所所長など。著書に『地域リハビリテーション学 第2版』（羊土社刊）、『走れば脳は強くなる』（クロスメディア・パブリッシング刊）他。

＼ やってみよう ／

オーディオブックde脳トレ

トレーニング 1

耳活フィットネス

自分の体力に合わせた軽い運動と、オーディオブックをかけ合わせましょう！　家の中でもできるので、気軽でおすすめです。

オーディオブック×軽い運動の例

初心者
自分のペースで足踏みをしながら聴く。

体力も一緒に高めたい場合
踏み台昇降をしながら聴く。さらにその場で駆け足しても。

筋力も一緒に高めたい場合
常に膝を曲げた状態で足踏みしながら聴く（太ももの筋肉）、つま先立ちで足踏みしながら聴く（ふくらはぎの筋肉）。

知的難易度を高めたい場合
足踏みに加えて手遊び（グー・チョキ・パーなど）をしながら聴く。

トレーニング 2

耳活ウォーキング

オーディオブックとウォーキングをかけ合わせたトレーニングです。方法は簡単！　オーディオブックを聴きながら、いつものウォーキングをするだけ。30分から1時間程度行うのがおすすめですが、無理のないペースで毎日の習慣に取り入れましょう。

注意事項

耳活ウォーキングを行う際は、交通状況や周りの状況に注意して安全に行いましょう。周囲の音が聞こえるように、骨伝導イヤホンなどの耳を塞がないタイプのイヤホンを利用するのがおすすめです。
また、歩きながらのスマートフォンの操作は危険ですので、決して行わないでください。

Challenge

耳活トレーニングの効果倍増！

❶ ピンとくるオーディオブックを選ぶ
聴き流してしまうと効果が出ないため、自分が興味のある作品を選びましょう。

❷ ぴったりな再生速度を見つける
オーディオブックの再生速度はご自身の集中力が高まる速さに調整してみましょう。

❸ ややキツいと感じる運動とかけ合わせる
アプリ等で脈拍を測って、（220ー年齢）× 0.7 で求められる脈拍が目安。
個人差があるので、無理なく行いましょう。

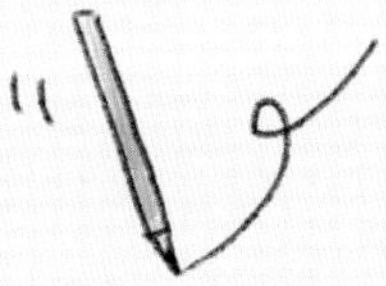

もっと挑戦！

耳《みみ》読《どく》日記

さらに脳トレとして効果的なのは、聴いた内容を思い出すこと。
オーディオブックで聴いて、印象深かったことや、
面白かったことを書き出してみるのがおすすめです。
「聴く・思い出す・書く」を、毎日のルーティンとして取り入れてみましょう。

月　　日（　　）　聴いた本：

面白かったこと：

印象に残ったフレーズ：

月　　日（　　）　聴いた本：

面白かったこと：

印象に残ったフレーズ：

月　　日（　　）　聴いた本：

面白かったこと：

印象に残ったフレーズ：

月　　日（　　）　聴いた本：

面白かったこと：

印象に残ったフレーズ：

ユーザーに聞きました！／

ブック活用法

01

1日8時間ある耳のスキマ時間をフル活用

子育てや仕事で読書時間をなかなかつくれなかったのですが、単純な手作業の日は1日8時間くらい耳があいていることも。うまく時間を活用して、自分の学びの時間もつくれるようになりました。（山倉さん・30代）

02

子どもの興味を広げるきっかけに

『理科好きな子に育つふしぎのお話365』

著者：自然史学会連合／監修、子供の科学／編集
出版社：誠文堂新光社
オーディオブック制作：絵本ナビ
ナレーター：アオイミチカ、金柿秀幸、鎌田雅樹、須山朱里、田中美由紀、富城まどか、ミサキマイカ、結城かえで
再生時間：18時間43分

子どもの興味を広げられるような会話ができたら……というのがきっかけで、普段は手に取らないジャンルの本にチャレンジしようと思い『理科好きな子に育つふしぎのお話365』を聴きました。（大津さん・30代）

03

健康習慣の欠かせないお供に

ウォーキングの際にオーディオブックを聴くように。歩くのも楽しくなって、２年で10kg痩せ、健康診断の数値もとてもよくなりました。今ではもう習慣になっていて、100冊以上の作品を聴いているんじゃないかと思いますね。（山本さん・50代）

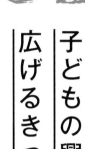

04 とにかくジャンルレスに気になる本を聴く

小さいころは１日１冊読むほどの読書好きでしたが、大人になると忙しくてなかなか読めなくなりました。今は、小説、歴史などの教養書、ビジネス書など気になる本を次々に耳で楽しんでいます。目にも優しいので、ありがたいです。（藤野さん・60代）

05 気になっていた本に再挑戦

入院をきっかけに使いはじめて、退院した今でも毎日使っています。『罪と罰』や芥川賞受賞作品など、読んでみたいけれど意外と読めていなかった本に気軽にチャレンジできたのがうれしかったです。（駒形さん・60代）

audiobook.jp

私流オーディオ

オーディオブックを生活の中で活用しているユーザーの方に普段の利用方法、サービスのいいところなどを伺いました。

06 著者にインタビューしている気持ちで

聴くときに、自分が著者にインタビューをしているような気持ちで聴くと、より記憶に残りやすいです。相槌を打ったり、ときには疑問を投げかけてみたり……。（黒田さん・30代）

Chapter 03

忙しい人の
インプットの秘訣

あの人の
耳読書

よくイヤホンをしているあの人も、
実は“読書”を楽しんでいるのかも?
各界で活躍している
オーディオブックユーザーさんに、
耳読書の魅力を聴いてみました。

interview 1

星野リゾート代表

星《ほし》野《の》佳《よし》路《はる》さん

1960年長野県生まれ。慶應義塾大学経済学部卒業後、米国コーネル大学ホテル経営大学院修士課程修了。1914年に創業した星野温泉旅館の4代目で、1991年星野リゾート前身の星野温泉社長（現代表）に就任。

普段読まない本も耳からなら楽しめる

『星野リゾートの教科書』という本も出していますが、教科書通りの経営が好きで常に自分の〝教科書〟となる本を探しています。分厚い本を持ち歩くので、スタッフが「最近はこういうのがありますよ」とオーディオブックを教えてくれたのがきっかけでした。

使いはじめて変わったのは、普段読まないジャンルの本を聴くようになったこと。例えば、斎藤幸平さんの『人新世の「資本論」』（❶）も、気になってはいたものの読めていませんでした。オーディオブックアプリのトップ画面に出てきたので、軽い気持ちで聴き始めたんです。そしたらとても面白くて。その後、斎藤さんにご連絡して、対談も実現しました。そういったオーディオブックがきっかけで発展したこともあります。

他にも、『サピエンス全史』（❷）も普段は読まないジャンルでしたが、聴いてみてとても興味深かった1冊です。

あとは、ビジネスの面で自分の広がりにつながったケースもあります。例えば、「サブスクリプション」について知るために、オーディオブックで『耳で学ぶ　サブスクリプション』（❸）を聴いてみました。私の知らなかったサブスクの心理的な効果を知り、サブスクを主体とした企業との契約に至ったこともありました。

暇つぶし感覚で聴けて自分にとってためになる

本を買うときは、自分が「これを読みたい」という確信がない限り買わないのですが、オーディオブックは暇つぶしの感覚で聴けます。「今日は旭岳から小樽まで行かなきゃ」という日に、その時間をどの本で楽しもうか、とそういう感覚です。普段読まない本にも挑戦ができ、それが意外と自分に影響を与えてくれます。

あとは、時間のコントロールをしやすいのも便利です。「残り何分」なのかがわかるので、「これを聴き終えるのにあと2分」なら、少し小走りにしようかな、とか。時間単位でわかるのがありがたいです。

本の内容によっては、（再生）スピードも変えています。かなり速くても理解できるものもあれば、少し遅くしないときちんと理解できないというものもあり、そういう調整ができるのも、とてもよい点だと思います。

そして、聴くのは「活字を読むよりも簡単」。ですので、必要な気合も全然違います。「今日はこの本を読もう」と思うと、ある程度テンションを上げて、気合を入れなくてはいけない。オーディオブックの場合は、あまり構えずとも聴けるので、続けられるのかもしれません。

Check

星野さんのおすすめ作品！

❶

『人新世の「資本論」』

著者：斎藤幸平
出版社：集英社
ナレーター：市村徹
再生時間：9時間19分

❷

『サピエンス全史（上）文明の構造と人類の幸福』

著者：ユヴァル・ノア・ハラリ／著、柴田裕之／訳
出版社：河出書房新社
ナレーター：茶川亜郎
再生時間：10時間58分

❸

『耳で学ぶ サブスクリプション』

著者：リンクアップ
出版社：技術評論社
ナレーター：柳よしひこ
再生時間：3時間20分

ティモンディ

前《まえ》田《だ》裕《ゆう》太《た》さん

神奈川県出身。お笑いコンビ・ティモンディとして活躍。趣味はサッカー観戦、読書。
連載「ティモンディ前田裕太の乙女心、受け止めます！」(「arWeb」)、「ティモンディ前田裕太の〝おとな〟入門」(「おとなの週末Web」)、レギュラー番組『ハレバレティモンディ』(STV)、『ティモンディの決起集会』(FM愛媛)。

耳から本を摂取する感覚

オーディオブックは、いろんなシチュエーションで聴いています。特に移動中に聴くことが多いですね。仕事上、移動に4時間くらい時間をかけてロケ先に行って、またさらに移動して、なんていうこともあるので、すごく移動の時間が多いんです。なので、その間にはオーディオブックで耳から本を摂取してますね。

紙の本では基本的に小説を読むので、オーディオブックではビジネス書など普段読まないジャンルの本を聴いています。聴き放題プランは、もはや「本とのマッチングアプリ」。いろんな作品と出会えています。

耳から入る本も結構あって、読書量でいうとオーディオブックで完結した本のほうが多いくらいかもしれません。聴く読書をはじめてから、さらに読書量が増えて2.5倍くらい読むようになりました。

オーディオブックデビューにおすすめの3作

まずひとつ目は、『超訳 論語』(❶)。孔子はかなり昔の人なのに、今の時代の自分にも刺さることを言っているんですよね。例えば「学ぶことは危険な行為だ」という言葉。大事なことでも、ついついわかった気になってしまう。自分が知っている知識をわかった気になっていないか、と振り返りたくなります。この言葉をすごく昔の人が言っているというのが、とんでもないことだなと思ったりしますね。

そして、次に『捨てる力』(❷)。僕たちは積み重ねていくことで、それが力になっているような気がしていますよね。でも、羽生善治さんはその積み重ねてきた過去の経験やアイデアを、あえて捨てるという決断をする。そして捨てたことを力に変えて、勝利に近づいていくんです。羽生さんがいろいろなことを積み重ねてきたからこそ、この本で裏打ちしているのが面白いなと。これは聴いていてとても面白かったので、目でも読みたくて、本も買いました。

3作目は、劇団ひとりさんの『青天の霹靂』(幻冬舎文庫)(❸)。売れない芸人が主人公の物語なのですが、ＳＦのような要素もあるんです。さらには、オーディオブックならではの面白いポイントもあって、登場人物の一人を、著者の劇団ひとりさんが演じています。

Check

前田さんのおすすめ作品！

❶

『超訳 論語』

著者：安冨歩
出版社：ディスカヴァー・トゥエンティワン
ナレーター：佐々木健
再生時間：2時間48分

❷

『捨てる力』

著者：羽生善治
出版社：PHP研究所
ナレーター：市村徹
再生時間：2時間58分

❸

『青天の霹靂』(幻冬舎文庫)

著者：劇団ひとり
出版社：幻冬舎
ナレーター：金谷ヒデユキ、劇団ひとり、平間葵、田中晶子、伊丸岡篤、側見民雄、にしやまえみ、矢野龍太、杉山洋介、白井悠介、望月信行、大丸なつみ、高槻陽一
再生時間：4時間42分

interview 3

俳優

森尾《もりお》由美《ゆみ》さん

1982年、ドラマ「ねらわれた学園」でデビュー。1996年〜2004年、アニメ「こちら葛飾区亀有公園前派出所」（フジテレビ系）では秋本・カトリーヌ・麗子役で声優を務め、1999年〜2009年、ドラマ「大好き！五つ子」（TBS系）では11シーズンにわたり母親役を演じた。現在は毎週日曜日に放送中のトークバラエティ、「はやく起きた朝は…」（フジテレビ系）に出演中。

聴くスピードも生活ペースに合わせて

移動中はオーディオブックを聴くことが多いです。最寄りの駅までの歩道を歩く際に聴いていたときには、耳に届く声が心地よくて、気がついたら目的の駅を通り越してひとつ先の駅まで歩いてしまったこともあります。あっという間に感じられるので、運動しながらオーディオブックを聴くのもおすすめです。作品ごとに「何分」と表記されているので、10分歩きたいなというときは、その時間に合わせた作品を探して聴いてみることもあります。

オーディオブックは再生速度を調整できるのも便利です。時間がないときは、目次から聴きたいパートを選んで、速度を上げて集中して聴くこともあります。反対に、じっくりと味わって内容を覚えたいときは1倍のままで、と使い分けています。自分のライフペースに合わせられるので、活用しやすいです。

仕事につながる本から、想像を掻き立てる小説まで

ジャンルは本当に幅広く聴いています。仕事につながるようなところから、本を探すようなこともあります。例えば、短い言葉でなるべくスパッと伝えたいなというときによさそうな本を探していて、『バナナの魅力を１００文字で伝えてください　誰でも身につく36の伝わる法則』❶という本を聴いてみたりしました。

「遺跡が出た」というニュースがあれば、どういう話だっけ？と気になって、歴史の本を探して聴いてみたり。スマートフォンはいつも近くにあるので、気になったワードをアプリで検索して、出てきた本を聴いています。もちろんネットサーフィンでキーワード検索することもありますが、素敵な声で情報を聴けるのがすごくうれしいんですよね。

小説は、家でじっくり聴くのが好きで、夜静かに寝る前に聴いています。聴いている間は耳に集中するので、想像力を掻き立てられるところが好きです。川や草原の表現があると風を感じることができるし、食べ物の表現があると匂いを感じることができる。耳から聴くことで、本の世界がとても広がるような感じがします。他にも、家事をしながら語学の本を聴いて復唱したりすることもありますね。

Check

森尾さんのおすすめ作品！

❶

『バナナの魅力を100文字で伝えてください 誰でも身につく36の伝わる法則』

著者：柿内尚文
出版社：かんき出版
ナレーター：けんぞう、福充
再生時間：3時間21分

自治体とのオーディオブックを活用した連携も広がっています。2023年６月、大阪府柏原市とオトバンクはオーディオブックを活用した包括連携協定を締結。森尾さんはオーディオブック1日大使として登壇されました。

サントリーホールディングス株式会社
ピープル＆カルチャー本部 課長

辻《つじ》 佳《か》予《よ》子《こ》さん

2010年サントリーホールディングス株式会社入社。ブランド戦略、商品開発を担当したのち、2019年同社戦略企画本部にてブランドマネジャーの育成を担当。2021年同社ピープル＆カルチャー本部サントリー大学にて、新入社員からシニア層まで人材育成に携わる。

社員の学びたい意欲を オーディオブックで後押し

2021年から人事部門で全社の人材育成のマネジャーをしており、年次・役割に応じた育成や社員の学びを促進するミッションに携わっています。その中で課題に感じていたのが、「学びたい意欲」はあっても、仕事や育児などでなかなか学ぶ時間が取れないという状況。私自身もそうでした。

そんな中、報道番組でオーディオブックが紹介されているのを見かけ、これはよさそう！と直感したので、チームで議論して利用を決めました。

弊社では、企業内大学の「サントリー大学」にて「audiobook.jp法人版」を一部会社補助で社員に提供しています。他にも社員の自己負担額が同じeラーニング系のコンテンツを複数提供しているのですが、利用者数はオーディオブックが断トツで、現在300人以上が利用しています。導入して数か月でこれだけ利用者が増えるというのは、やはりニーズがあったのだと実感します。

耳「だけ」でいいのが 一番の利点

オーディオブックの利点はたくさんあるのですが、まずは単純に耳「だけ」でいいところですよね。日中はほとんどデスクワークをしていますし、仕事以外の時間もスマートフォンを見ているので、目を休ませつつ情報を得られるのが魅力です。

あとは、何かをやりながら聴けるというのが本当に便利です。例えば子どもの寝かしつけの時は部屋を真っ暗にするので、基本的に何もできないのですが、オーディオブックなら聴けますよね。ジョギングや筋トレをしながら聴いているという社員の声もあり、健康維持と学びの両立にも一役買っていると思います。

若手社会人の方には、『聴く日経』（❶）をぜひ。紙面や電子版とあわせて聴くといいと思います。また、『コンサル一年目が学ぶこと』（❷）は、会社で活躍していくための基本的かつ有益な学びがたくさん詰まっています。

『夢をかなえるゾウ1』（❸）は、自己啓発書でおすすめです。ガネーシャという神様と若者のやりとりで自己啓発のことをカジュアルに楽しく学べます。

「ジャパネットたかた」の髙田明さんの自伝『伝えることから始めよう』（❹）も、どんな仕事でも大切な「伝える」という能力を学べる本なので私のメンバーにもおすすめしました。

育児期の方には『子どもを伸ばす言葉　実は否定している言葉』（❺）。よかれと思って言っていた言葉が実はNGワードだったりして、はっとさせられました。

いろいろな本を聴くことで人間の幅が広がったり、さまざまな知恵を得たりして、結果的に会社でのパフォーマンスアップや人生の豊かさにつながると思います。

Check

辻さんのおすすめ作品！

❶

『聴く日経』
制作：ラジオNIKKEI
配信日時：
平日毎日朝6時

❷

『コンサル一年目が学ぶこと』
著者：大石哲之
出版社：ディスカヴァー・トゥエンティワン
ナレーター：山田晴久
再生時間：5時間33分

❸

『夢をかなえるゾウ1』
著者：水野敬也
出版社：文響社
ナレーター：影平隆一、大川透、浅科准平、仲みのり、高槻陽一
再生時間：7時間31分

❹

『伝えることから始めよう』
著者：髙田明
出版社：東洋経済新報社
ナレーター：清水圭吾
再生時間：6時間52分

❺

『子どもを伸ばす言葉　実は否定している言葉』
著者：天野ひかり／著、とげとげ。／マンガ
出版社：ディスカヴァー・トゥエンティワン
ナレーター：天野ひかり
再生時間：3時間32分

Chapter 04

まずはここから聴いてみよう！

おすすめ オーディオブック12選

ここでは、オーディオブックとして配信中の数万点の作品の中から、
スタッフが厳選したおすすめ作品を3つのテーマに分けて紹介します。
知りたいテーマの本を聴いてみるのはもちろん、
普段読まないジャンルに音声で気軽に挑戦してみるのもおすすめです。
1人のナレーターによる朗読か、数人のナレーターによるドラマ形式かも表記しているので参考にしてください。
audiobook.jpのwebサイトからは数分のサンプル音声も聴けるので、
気になった作品はぜひサンプルを聴いてみてくださいね。

ながら聴きで学べるおすすめ本

ビジネス書や教養書など、学べる本を幅広く配信中。仕事のための勉強だけでなく、歴史、宇宙、生物など、普段まとまった時間が取れない分野を深掘りするのもおすすめです。

主な哲学者の思想と現代思想の流れを一気につかむならこの本

現代思想や哲学は自分で勉強するにはかなり気合がいる分野。挫折した人も多いかもしれません。この本ではデリダ、ドゥルーズ、フーコーという３人の哲学者の思想を紹介したあと、フロイトなどの精神分析、ポスト・ポスト構造主義などのトピックにも言及して、数世紀にわたる現代思想の流れを紹介しています。現代人にわかりやすい表現が多く、ながら聴きでも理解しやすい1冊です。

『現代思想入門』
著者：千葉雅也　出版社：講談社
ナレーター：市村徹　再生時間：6時間50分

5分で1つ知識が身につく スキマ時間の有効活用にぴったりの1冊

1週間ごとに歴史・文学・芸術・科学・音楽・哲学・宗教の7分野を学べて、365日分聴くことで幅広いジャンルの教養が一気に身につく1冊。5分で1つの話題が完結するので、毎日のちょっとしたスキマ時間に取り入れやすい作品です。ウォーキングやランニングの時間の目安に使うのもおすすめ。知的好奇心を刺激されて、聴きはじめたらついつい先の方まで聴き続けてしまうかも。

『1日1ページ、読むだけで身につく世界の教養365』
著者：デイヴィッド・S・キダー、ノア・D・オッペンハイム／著、小林朋則／訳
出版社：文響社　ナレーター：浅科准平　再生時間：29時間40分

もし、宇宙人に地球のことを聴かれたら? 楽しみながら最新科学知識が身につく本

もしもあなたが宇宙ステーションにいて、宇宙人から質問されたとしたら？というユニークなストーリーで、宇宙で本当に必要な科学知識が学べる1冊。どうやら地球よりも科学が発達しているらしいさまざまな星の宇宙人たちと会話するうちに、地球が宇宙の中でどのような天体なのか、宇宙とはどういうところなのかという知識が身についていきます。

『宇宙人と出会う前に読む本 全宇宙で共通の教養を身につけよう』
著者：高水裕一
出版社：講談社　ナレーター：福田結巳　再生時間：7時間9分

おなじみの世界史教科書で世界史を学び直そう

「学び直し」ブームのきっかけとなったロングセラー『もういちど読む山川世界史』のリニューアル版です。学生時代に山川の世界史教科書で勉強したという方も多いはず。今のニュースや国際情勢の背景を改めて知ることができて、学生のころとはまた違った気づきを得られます。細かい章分けになっているので、毎日の散歩に合わせて区切りのいいところまで聴く、といった楽しみ方もおすすめです。

『新 もういちど読む 山川世界史』
著者：「世界の歴史」編集委員会
出版社：山川出版社　ナレーター：小川真由美　再生時間：14時間7分

耳で没入する物語の世界

**文芸作品のオーディオブックは、紙の本と一味違う体験ができます。
ながら聴きもおすすめですが、ときには手を止め、目を閉じて、じっくりと耳を傾けてみましょう。**

ミヒャエル・エンデの不朽の名作を佐久間レイさんの朗読でお届け

日本で最も広く読まれている児童文学としても知られる、「時間」の意味を問う名作。子どものころに読んだ方も多いと思いますが、大人になってから読むと、さらにこの物語のメッセージは深く心に響きます。『それいけ!アンパンマン』のバタコさん役でも知られる声優・佐久間レイさんの朗読でお届けするオーディオブック版の『モモ』は、寝る前やゆっくりしたお散歩中の耳読書がおすすめです。

『モモ』

著者：ミヒャエル・エンデ／作、大島かおり／訳
出版社：岩波書店　ナレーター：佐久間レイ　再生時間：13時間0分

映像化もされた人気小説を豪華声優陣の朗読で楽しもう!

本屋大賞2位を獲得した和田竜さんのベストセラー小説を、総勢17名の声優で音声化した豪華なオーディオブックです。時は戦国時代、豊臣秀吉の二万の軍勢が北条家の支城、忍城を攻め落とそうと襲来します。周囲を湖で取り囲まれ、難攻不落といわれた城を、戦国武将らしくない冴えない城主・成田長親はどのように守るのか？　ドラマ形式で制作したオーディオブックならではの臨場感を楽しめる1冊です。

『のぼうの城』

著者：和田竜　出版社：小学館　ナレーター：小野賢章、杉田智和、松岡禎丞、千本木彩花、田尻浩章、天崎滉平、福沢良一、利根健太朗、石狩勇気、側見民雄、小野ゆたか、大関英里、大谷幸広、浅科准平、山本善寿、喜多田悠、間島淳司　再生時間：9時間7分

一枚の絵画(エスキース)をめぐる物語 5つの物語それぞれの雰囲気を音で表現

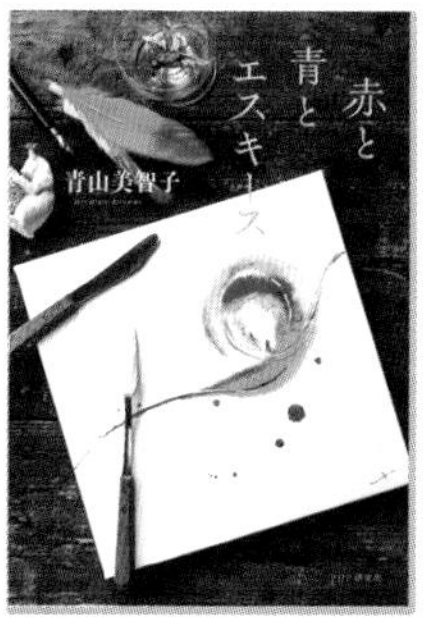

2022年「本屋大賞」で2位となった作品。メルボルンの若手画家が書いた一枚の絵画(エスキース)をめぐって物語が展開していく連作短編です。BGMや効果音が各所に使われており、5つの物語の雰囲気をそれぞれに楽しめるつくりになっています。ストーリーは聴いて確かめていただきたいのですが、いろいろな仕掛けが用意されている「二度聴き必至」の作品ですので、ぜひ何度もじっくり聴いて楽しんでみてくださいね。

『赤と青とエスキース』

著者：青山美智子　出版社：PHP研究所
ナレーター：織田優成、蟹江俊介、金月真美、宮川美保　再生時間：6時間49分

第158回芥川賞受賞作 東北弁の文章を岩手出身の声優が朗読

63歳・史上最年長で文藝賞、翌年第158回芥川賞を受賞した若竹千佐子さんの作品。各所に東北弁の文章が登場し、全体がリズミカルな文体でつづられています。多くの方言を含む文章をオーディオブックにする際には、その地域の方言を聴いて育った方に朗読いただくことが多いです。本書では岩手県出身の桑島法子さんが全編を朗読しており、文章の雰囲気をそのまま音声で味わえます。東北弁にどっぷりつかる読書体験をぜひ一度、体験してみてください。

『おらおらでひとりいぐも』

著者：若竹千佐子
出版社：河出書房新社　ナレーター：桑島法子　再生時間：4時間8分

あの人の頭の中を覗けるエッセイ

エッセイやノンフィクションは、人の話を聴く感覚で、気軽に知らない世界を覗けるジャンル。家事やランニングに集中しながらでも聴ける他、入浴中にリラックスして聴くのもおすすめです。

TBSの看板アナの初エッセイ テレビ業界の裏側を大公開！？

TBSの看板アナウンサー・安住紳一郎さんが2006年に出版した初エッセイ。TBS社員として働くサラリーマンの悲哀や、テレビ業界の裏側などをつづった本書は、テレビで見せる毒舌や鋭い一言の裏にある、安住さんの素顔が垣間見える1冊です。朗読は安住さんご本人ではありませんが、文体はテレビで話す安住さんの話し方に近いです。少し速度を上げて再生すると安住さんが話しているように聴こえますよ。

『局アナ 安住紳一郎』
著者：安住紳一郎
出版社：小学館　ナレーター：福田結巳　再生時間：3時間6分

100万部突破の痛快エッセイで 気分をリフレッシュ！

2017年の年間ベストセラーランキングで第1位に輝き、100万部を突破した佐藤愛子さんの大人気エッセイ。90歳を超えて、世の中のいろいろなことに感じた憤りや嘆きを、なかなか言えない人々にかわってズバッと言ってくれる佐藤愛子さんの言葉を聴くと、笑ったあとになんだかスッキリしてしまいます。そんな不思議なデトックス効果を持ったオーディオブックを1日の終わりに聴くのはいかがでしょうか。

『九十歳。何がめでたい』
著者：佐藤愛子
出版社：小学館　ナレーター：北林きく子　再生時間：4時間13分

音楽界の若き天才が これまでの軌跡と未来を語る

日本人として51年ぶりのショパン国際ピアノコンクール2位となった反田恭平さん。さらに自身のレーベル設立、日本初のオーケストラのための株式会社設立など、多彩な活動でも注目されています。本書はそんな反田さんがピアノをはじめてからこれまでの軌跡と、これから音楽業界のために成し遂げたいことがつづられた1冊。真摯でやわらかい語りから、音楽界に革命を起こす反田さんの頭の中を少し覗けるような作品です。

『終止符のない人生』
著者：反田恭平
出版社：幻冬舎　ナレーター：市川和也　再生時間：6時間11分

漫画家・ヤマザキマリさんの 地球サイズの生き方指南

『テルマエ・ロマエ』で知られるヤマザキマリさんが自身の体験をもとにつづったエッセイ。14歳で欧州一人旅、17歳でイタリア留学。その他にもイタリア、シリア、ポルトガル、アメリカなどで暮らしてきたヤマザキさんの人生を、本や旅、人との出会いを中心に語ります。とにかく濃い体験談ばかりで本当に面白く聴くことができ、日々を支えてくれるような力強い金言にも出会える作品です。

『国境のない生き方：私をつくった本と旅』
著者：ヤマザキマリ
出版社：小学館　ナレーター：和村康市　再生時間：6時間2分